BEI GRIN MACHT SICH IHR WISSEN BEZAHLT

AF131376

- Wir veröffentlichen Ihre Hausarbeit, Bachelor- und Masterarbeit

- Ihr eigenes eBook und Buch - weltweit in allen wichtigen Shops

- Verdienen Sie an jedem Verkauf

Jetzt bei www.GRIN.com hochladen und kostenlos publizieren

Christian Johannes von Rüden

Sachtexterörterung des Textes "Wer rettet das deutsche Fernsehen?"

Von Stefan Niggemeier, mit anschließender Stellungnahme

GRIN Verlag

Bibliografische Information der Deutschen Nationalbibliothek:

Die Deutsche Bibliothek verzeichnet diese Publikation in der Deutschen National-
bibliografie; detaillierte bibliografische Daten sind im Internet über http://dnb.d-
nb.de/ abrufbar.

Impressum:

Copyright © 2008 GRIN Verlag GmbH
Druck und Bindung: Books on Demand GmbH, Norderstedt Germany
ISBN: 978-3-656-54455-5

Dieses Buch bei GRIN:

http://www.grin.com/de/e-book/171808/sachtexteroerterung-des-textes-wer-rettet-
das-deutsche-fernsehen

GRIN - Your knowledge has value

Der GRIN Verlag publiziert seit 1998 wissenschaftliche Arbeiten von Studenten, Hochschullehrern und anderen Akademikern als eBook und gedrucktes Buch. Die Verlagswebsite www.grin.com ist die ideale Plattform zur Veröffentlichung von Hausarbeiten, Abschlussarbeiten, wissenschaftlichen Aufsätzen, Dissertationen und Fachbüchern.

Besuchen Sie uns im Internet:

http://www.grin.com/

http://www.facebook.com/grincom

http://www.twitter.com/grin_com

Hanse-Kolleg Lippstadt

Abendgymnasium

Semester 5 – 18. September 2008

Leistungskurs Deutsch

Note: 1,7

Sachtexterörterung des Textes „Wer rettet das deutsche Fernsehen?" von Stefan Niggemeier, mit anschließender Stellungnahme

(korrigierte Klausur)

von

Christian Johannes von Rüden

Aufgaben:

1. Erörtern Sie den Text.

2. Nehmen Sie vor dem Hintergrund Ihrer medientheoretischen Kenntnisse und eigener Medienerfahrungen Stellung zu der Frage, „ob das Fernsehen ein Medium bleibt, das die Menschen bewegt, sie gut informiert und gut unterhält" (Z. 77f.)

Quellen:

Zeit Online (Hg.). Niggemeier, Stefan (Autor). (2001). *Wer rettet das deutsche Fernsehen?*. Abgerufen 12. Mai 2011, von:

http://www.zeit.de/2001/11/Wer_rettet_das_deutsche_Fernsehen_

1)

In dem kritischen Kommentar „Wer rettet das deutsche Fernsehen" des Journalisten, Grimme-Preis-Trägers und Medienkritikers Stefan Niggemeier gibt dieser, in einer Online-Ausgabe der Zeit aus dem Jahr 2001, seine Meinung wieder, ob und durch wen eine Qualitätsverbesserung im Fernsehprogramm stattfinden kann.

Niggemeier beginnt mit einem vergleichenden Rückblick auf die Entstehungszeit der Privatsender und das, was diese vor nunmehr 22 Jahren ausmachte im Hinblick auf die Qualität der Sendungen.
    Er bezieht sich zudem noch auf die Entwicklung des Radios und zieht negative Parallelen zum Fernsehen.

Nach dieser darstellenden Hinleitung zur Kernproblematik (Z. 14-26) geht Niggemeier dazu über, die Privatsender als Retter der Qualität zu nennen, und wägt ab, welche dieser Sender geeignet sind, die von ihm erhoffte Verbesserung der Qualität herbei zu führen. (Z. 28-38)

Im Folgenden beschreibt der Autor die Vorzüge seiner Wahl und weist nach, wodurch sich diese Sender dieser Wahl als würdig erweisen. (Z. 40-50)
    Er möchte hier den Leser informieren und nicht wie zuvor in erster Linie eine Bewertung vornehmen. Diese Vorzüge stellt er dann in einen Vergleich zu den strukturellen Vorgaben der großen Sender. (Z. 51-55)

Dann nimmt Niggemeier einen Einschnitt in seinem Text vor und beginnt sich einer weiteren Möglichkeit zuzuwenden.
    Er geht darauf ein, wie das Programmgestaltungsverhalten der großen Sender aussieht und worin dieses Verhalten begründet ist. (Z. 59-65)
    Er führt diese Gedanken weiter und legt dar, inwiefern die Werbeindustrie Einfluss auf dieses Verhalten nehmen kann, um eine Verbesserung der Qualität zu erreichen. (Z. 67-75)

Niggemeier beendet seinen Text mit dem Fazit diese „Silberstreifen" zu nutzen und nicht lediglich künftig auf „Einzelleistungen" von bestimmten Medienschaffenden zu setzen. (Z. 77-84)

Die These, welcher sich Niggemeier in seinem Text widmet, ist die Frage, wer in der Lage ist das deutsche Fernsehen zu retten, was im Hinblick auf die Qualität der Sendungen zu sehen ist.

Hierzu muss Niggemeier zunächst dem Leser vor Augen führen, warum eine Qualitätsverbesserung aus seiner Sicht überhaupt nötig ist. Er begründet dies damit, dass „die Privatsender es geschafft haben, sich in die Fernsehsteinzeit zurückzusenden".

Er erweckt hier das Interesse des Lesers sich ebenfalls dieser Problematik zu widmen, indem er den Kontrast zwischen „Moderne" und „Rückständigkeit" im Neologismus „Fernsehsteinzeit" auf den Punkt bringt.

Er belegt diese Behauptung nun mit den Beispielen des damaligen Fernsehens, welche dem typisch älteren und gebildeten Leserklientel der „Zeit" noch in Erinnerung sind und somit faktisch nachvollziehbar. (Z. 16-20)

Als weiteren Beleg fügt Niggemeier eine Aufzählung dessen an, was das aktuelle Fernsehprogramm vermissen lässt: „Vielfalt, Nachhaltigkeit, Relevanz, Originalität". (Z. 23)

In Verbindung gesetzt mit dem Ausspruch des Volksmundes, dass „aus der Kiste nichts Gutes kommen und werden kann" (Z. 21-22), erzeugt Niggemeier auf recht ironische Weise einen Appell an seine Leser und hofft gleichzeitig, in diesen die Reaktion auszulösen, sich mehr mit der Qualität des Fernsehens zu befassen und der sinkenden Qualität entgegen zu wirken, da es ja nicht gewollt sein kann, dass das Fernsehen Vielfalt usw. verliert.

Er verleiht diesem Beweis darüber hinaus Nachdruck, indem er behauptet, dass das Radio diese Negativentwicklung bereits vollendet hat, da es nur noch „Werbemaschine, Hintergrundgeräusch und Alltagslärm darstellt. (Z. 24-26)

Den Leser durch diese aufrüttelnde Einstimmung dem Thema zugänglich gemacht habend, beginnt Niggemeier nun direkt auf die eigentliche Frage ein zu gehen, die er sich anfangs gestellt hatte.

Er wendet sich zunächst der Angelegenheit zu, ob die großen Privatsender wie z.B. RTL, Pro Sieben oder Sat1 eine Wende im „Absacken" der Fernsehqualität herbeiführen würden. Er belegt jedoch umgehend, dass dies nicht der Fall sein wird, da diese Sender „im Rennen um höchste Renditen" einfach zu wenig auf ein „bestes Image" angewiesen seien.

Auch die großen öffentlich-rechtlichen Sender sowie die kleineren, regionalen der Landesmedienanstalten schließt Niggemeier aus. Er macht dies in Form einer faktischen Klarstellung, da seiner Ansicht nach diese Sender nur den Trends der großen Privaten „hinterher hecheln" oder mit Politik nicht viel am Hut haben möchten, da es sich auf regionaler Ebene nicht gut genug „verkauft". (Z. 31-32)

Nachdem er zunächst gewisse „ Kandidaten" ausgeschlossen hat, wendet sich Niggemeier nun seinen „persönlichen Hoffnungsträgern" in dieser Frage zu.

Als erste Wahl sieht er hier die mittelgroßen Privatsender. Er begründet dies damit, dass diese weder „Reste verwerten", noch einem solchen Druck ausgesetzt sind, sofort das Maximum an Umsatz und Zuschauern erreichen zu müssen. (Z. 35-37) Er sieht hier beispielsweise Kabel 1 und VOX. (Z. 38)

Am Beispiel von VOX begründet er, dass dieser Sender in der Lage ist, eine teure und qualitätvolle Serie wie Ally Mc Beal trotz nur mäßig vorhandenem Publikum in Deutschland anbieten zu können, wodurch seiner Meinung nach diesem Publikum eine gehaltvollere Alternative gegenüber dem Programm der großen Sender geboten wird.

Im Fall Kabel 1 nennt Niggemeier das Beispiel der Fernsehshow „Was bin ich", die dort wieder eingeführt wurde. (Z. 45)

Dem eventuell aufkommenden (Vor-)Urteil der Leser, dies klinge nicht nach einer „Großtat" (Z. 45-46) setzt er sofort entgegen, dass es sich hierbei um „gepflegte Unterhaltung" und „geistreiche, harmlose Hausmannskost" handele, welche die Qualität des Programms deutlich aufwerte.

Im zweiten Teil beginnt Niggemeier sich von den Sendern selbst abzuwenden und den Einfluss der Quoten zu beleuchten.

Er behauptet hier, dass das werbefinanzierte Fernsehen nur noch soviel ausgeben möchte, wie es auch bestimmt durch die Werbeeinnahmen, die auf den Quoten aufbauen, einnehmen kann. (Z. 59-60)

Als belegenden Zwischeneinschub kann er hier das Pay-TV wie etwa Premiere nennen, da dieses durch das zusätzliche Geld der Zuschauer auch in der Lage ist, ein wenig Qualität einzubringen (Z. 60-62) und nicht nur auf die „Gnade" der Werbeindustrie angewiesen ist.

In der Werbeindustrie selbst sieht Niggemeier jedoch ebenfalls eine Chance, am qualitätvolleren Programm mitzuwirken.

Diese kann sich gewisse Sendungen mehr oder weniger aussuchen, welche sie dann sponsorn will und wenn ihnen das Format dieser Sendungen nicht zusagt, dann fließt auch kein Geld. (Z. 70-71) Er setzt hier sozusagen direkt auf die „Vernunftbefähigung" bei den Verantwortlichen der Werbeindustrie, selbst keine gehaltlosen und „verdummende" Sendungen, wie sie im Nachmittagsprogramm der großen Privatsender derzeit üblich sind, zu fördern.

Niggemeier untermauert dieses Argument wieder mit Fakten, indem er Beispiele nennt, in denen dies bereits der Fall gewesen ist. (Z. 69 und Z. 71)

Niggemeier verwendet in dieser Verdeutlichung vor allem Neologismen wie „Telefon-Horoskop-Firma" und „Real-Life-Manie", die sich „schräg" anhören und seinem eher konservativ veranlagten Lesern vermutlich besonders verstärkt klar machen sollen, warum einige Werbemacher hier zurückhaltend vorgehen und nicht immer die gleichen Konsumenten ansprechen wollen. (Z. 75)

Niggemeier schließt seinen Text ab, ohne eine endgültige Antwort auf seine Frage gefunden zu haben. Er macht jedoch dem Leser klar, dass man aufgrund der von ihm genannten Möglichkeiten eher davon ausgehen kann, dass die Qualität des Fernsehens sich einmal wieder verbessern wird und man künftig auch wieder mehr Qualität auf ganzer Bandbreite erhoffen darf und nicht lediglich einige hervorzuhebende „Einzelleistungen" (Z. 77-80)

2)

Um festzustellen, ob das Fernsehen auch weiterhin ein Medium bleibt, das die Menschen bewegt, sie gut informiert und gut unterhält, sollte man zunächst den Entwicklungszeitraum des Fernsehens, seit dem Erscheinen von Niggemeiers Text beleuchten.

Niggemeier sagt aus, dass die großen Privatsender wenig Interesse an der Qualität der Sendungen zeigen, solange die Quote stimmt.

Wie man durch Einschalten des Videotextes oder Nachschlagen in der Fernsehzeitung durchaus feststellen kann, beschränkt sich auch heute noch ein großer Bereich der Sendezeit der großen Privaten darauf, rein unterhaltende Sendungen mit eher wenig Tiefgang zu liefern, wie etwa die „zehnte Staffel" von „Big Brother", „Deutschland sucht den Superstar" oder „Ich bin ein Star, holt mich hier raus". Flache Dauerbrenner wie „Soap-Operas" (GZSZ; Marienhof usw.) mit ihren, die Lebenswirklichkeit junger Menschen verfälschenden Geschichten, gestellte Gerichts- und Detektivsendungen (Barbara Salesch, Lenßen und Partner usw.) oder „die guten alten" Talkshows mit immer wiederkehrenden Liebes- und Scheidungsthemen der „Hartz IV – Generation" runden dann zumeist das Programm ab. „Unkultur pur", sozusagen. Neuerdings wird das Programm sogar noch mehr und mehr durch Kurzwerbespots, welche die eigentliche Sendung „in einen kleinen Kasten in die Bildschirmecke drängen", überflutet.

Wenn man jedoch genau hinschaut, kann man im Programm der großen Privatsender „wundersamerweise" auch einzelne Sendungen, zu sehr guten Sendezeiten, feststellen, die durchaus einen gewissen Grad an Qualität besitzen.

Bei RTL wäre hier die Quiz-Show „Wer wird Millionär" zu nennen, welche zwar auch der Unterhaltung dient und ordentlich kommerziell vermarktet wird, jedoch auch gleichzeitig ein Millionenpublikum auffordert, sein Alltagswissen zu bereichern oder zu reaktivieren.

Pro Sieben wartet um 18:00 Uhr mit den „Simpsons" auf. Was vielfach als einfache Zeichentricksitcom dargestellt wird, ist jedoch ein einzigartig gut gemacht- und durchdachter Mix aus Unterhaltung und Sozial- und Gesellschaftskritik. In der seit 1992 gesendeten Serie werden ständig Themen wie Einbürgerung, Atomenergie, soziale Armut, Tierschutz usw. aufgegriffen um ein, in erster Linie amerikanisches Publikum diesen Themen gegenüber zu sensibilisieren, da sich die meisten Geschichten bei den „Simpsons" im Staatsgebiet der USA abspielen und auf die dortige Gesellschaft eher zugeschnitten sind. Die Themen sind jedoch durchaus auch auf alle anderen (Industrie-)Länder übertragbar.

Meiner Ansicht nach ist daher in den letzten Jahren, was die großen Privatsender betrifft, ein kleiner Fortschritt zu bemerken.

Weitaus größer ist jedoch dieser Fortschritt bei den, bereits von Niggemeier „gelobten", mittelgroßen Sendern.

Hier haben vor allem reine Kultur-, Nachrichten-, Dokumentations- und Informationskanäle wie etwa Arte, Phönix, N24 und N-TV einen großen Zuschauerzuwachs derer zu verzeichnen, die sich nicht länger mit dem flachen Programm der Großen abgeben möchten.

Dort können sich Banker und Geschäftsleute Fachsendungen zu Wirtschaft und Börse ansehen, genauso wie Geschichtsinteressierte sich Dokumentationen über das alte China, die Pyramiden oder das Dritte Reich ansehen können.

Das Wissensspektrum, welches auf diesen Sendern verbreitet, gefördert und gefordert wird, ist sehr weit gefächert, wodurch für jeden etwas Interessantes zu finden ist. Die Qualität ist durch die Art ihrer Darbietung auf diesen Sendern, besonders bezogen auf die Formen der Wissensvermittlung, also als sehr groß, in Relation zu den großen Sendern, anzusehen.

Den Wert von Unterhaltung und Wissen verbinden dieser Tage wohl am ehesten Kultursender wie Arte, 3-Sat oder BibelTV, aber durchaus auch Regionalsender wie hr3, welche einen Mix aus regionalen Nachrichten und Ereignissen, als auch gute Kinderserien (Löwenzahn usw.) und unterhaltsames Infotainment (Zoo-Sendungen) bieten.

„De facto" bin ich daher der Meinung, dass sich die Qualität im Fernsehen, seit der Herausgabe von Niggemeiers Text, durchaus stabilisiert hat, dass es, bei den großen Sendern, zwar noch weit von einem guten Programm entfernt ist, aber dass es trotzdem auch weiterhin die Menschen bewegen, unterhalten und informieren wird. Ein Schicksal, wie es Niggemeier dem Radio zuschreibt, womit ich auch grundsätzlich nicht unbedingt einverstanden bin, dürfte somit abgewendet sein.